Sekundarstufe

Anne-Sophie Azizè-Flittner

Français tout ce qu'il vous faut

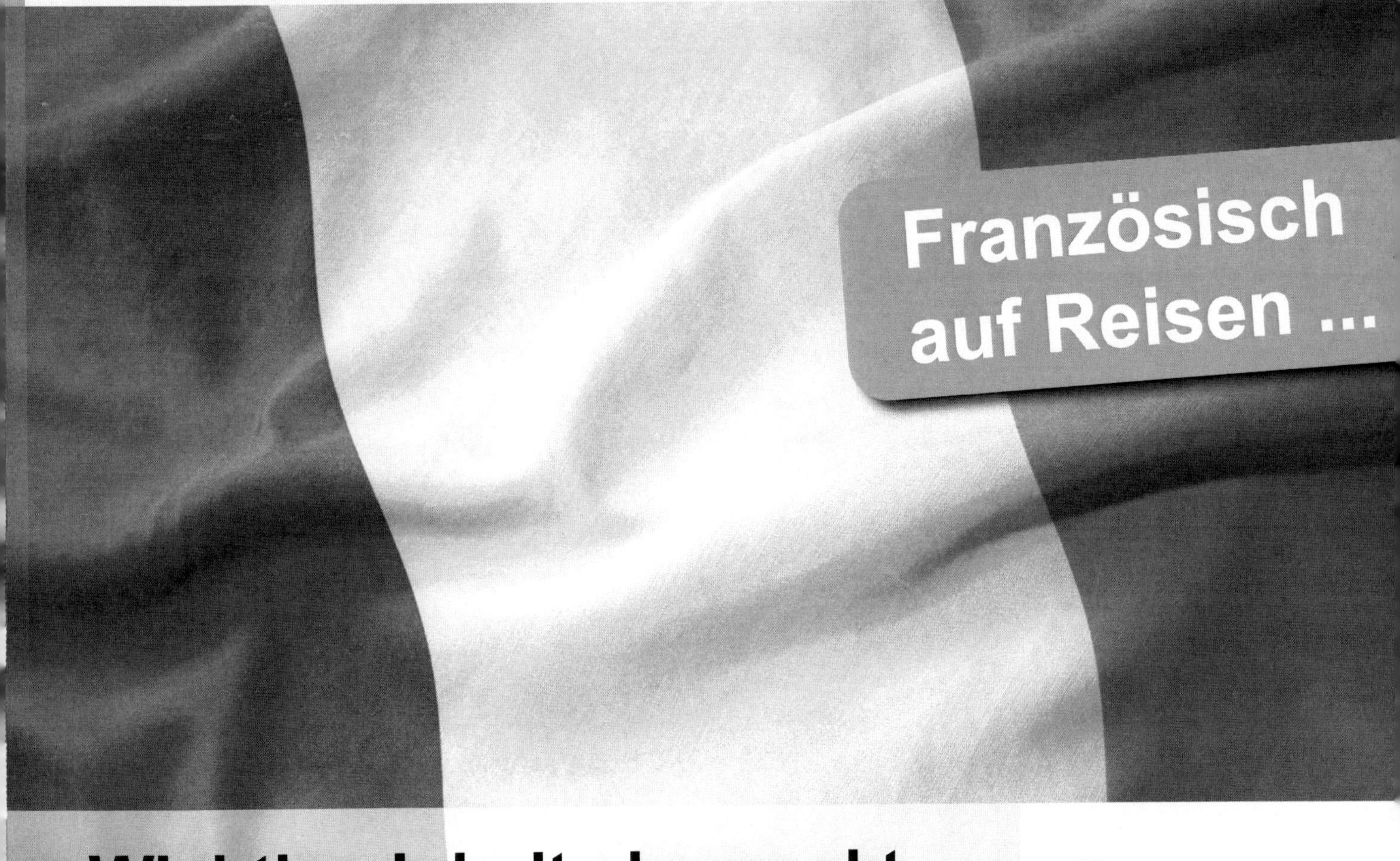

Französisch auf Reisen ...

- Wichtige Inhalte kompakt und übersichtlich
- Grundlagen wiederholen

www.kohlverlag.de

Français

tout ce qu'il vous faut

1. Auflage 2020

Inhalt: Anne-Sophie Azizè Flittner
Coverbild: © luzitanija - AdobeStock.com
Redaktion: Kohl-Verlag
Grafik & Satz: Kohl-Verlag
Druck: Druckhaus DOC GmbH, Kerpen

Bestell-Nr. 12 394

ISBN: 978-3-96624-067-3

Bildquellen © AdobeStock.com
S. 3-40: © MasterSergeant, alekseyvanin; **S. 5:** © al1center, cynoclub, helenedevun; **S. 8:** © Arcady; **S. 12+16:** © angga; **S. 17:** © mejn; **S. 17+18:** © beermedia.de; **S. 23:** © Laurentiu Iordache, Daniele Depascale, Photographee.eu, Andrey Popov; **S. 26:** © maru54, Rido, puhhha; **S. 28:** © Unclesam, delkoo; **S. 15, 17, 29, 36, 40:** © reeel; **S. 37+38:** © Daniel Berkmann; **S. 40:** © vencav; **S. 41:** © beermedia

Der vorliegende Band ist eine Print-Einzellizenz

Sie wollen unsere Kopiervorlagen auch digital nutzen? Kein Problem – fast das gesamte KOHL-Sortiment ist auch sofort als PDF-Download erhältlich! Wir haben verschiedene Lizenzmodelle zur Auswahl:

	Print-Version	PDF-Einzellizenz	PDF-Schullizenz	Kombipaket Print & PDF-Einzellizenz	Kombipaket Print & PDF-Schullizenz
Unbefristete Nutzung der Materialien	x	x	x	x	x
Vervielfältigung, Weitergabe und Einsatz der Materialien im eigenen Unterricht	x	x	x	x	x
Nutzung der Materialien durch alle Lehrkräfte des Kollegiums an der lizensierten Schule			x		x
Einstellen des Materials im Intranet oder Schulserver der Institution			x		x

Die erweiterten Lizenzmodelle zu diesem Titel sind jederzeit im Online-Shop unter www.kohlverlag.de erhältlich.

Vorwort

Liebe Lernende,

die Sprache unseres Nachbarlandes wird aufgrund ihrer Musikalität von ebenso vielen geschätzt, wie sie wegen ihrer verzwickten Grammatik gefürchtet wird.

Das beste Mittel gegen die Furcht ist bekanntlich der Sprung ins kalte Wasser, in diesem Falle: Mitten in die Sprache hinein! Mit diesem Buch wollen wir Sie mit dem nötigen „Grundbesteck“ ausrüsten, um sich während einer Reise in ein französischsprachiges Land nicht nur zurecht zu finden, sondern auch mit neuen und alten Bekannten unterhalten zu können.

Die meiste Freude werden Sie mit diesem Buch haben, wenn Sie schon erste Erfahrungen mit der französischen Sprache gemacht haben und Grundkenntnisse über die Bildung von Sätzen und die Aussprache besitzen.

Hierauf aufbauend haben wir im ersten Teil viele Vokabeln und Redewendungen unter Hauptthemen zusammengefasst, die besonders beim Reisen relevant sind. Der zweite Teil erklärt Ihnen die wichtigsten grammatikalischen Regeln, die Sie beim Sprechen und Schreiben des Französischen beachten müssen. Einfache bis mittelschwierige Übungen runden die Lerneinheiten ab.

Und nun:

Bon courage und viel Spaß beim Lernen, Sprechen und Reisen!

Herzlichst, *Anne-Sophie Azizè Flittner*

Inhalt

KOHL VERLAG TOUT CE QU'IL VOUS FAUT Französisch auf Reisen – Bestell-Nr. 12 394

1 Conversations – Unterhaltungen

Pour commencer: Das Wichtigste auf einen Blick

oui / non	ja / nein
peut-être	vielleicht
s'il vous plaît / s'il te plaît	bitte
merci	danke
merci beaucoup	Vielen Dank
de rien	Gern geschehen
pardon?	Wie bitte?
je suis désolé(e)	Es tut mir leid / Entschuldigung!
Salut!	Hallo!
Bonjour	Guten Tag.
Bonsoir	Guten Abend.
Bonne nuit	Gute Nacht.
Je m'appelle...	Ich heiße...
Je suis...	Ich bin...
Quel est votre nom? / Comment tu t'appelles?	Wie heißen Sie? / Wie heißt du?
Comment allez-vous? / Comment vas-tu?	Wie geht es Ihnen? / Wie geht es dir?
Bien, merci. Et vous? / Et toi?	Gut, danke. Und Ihnen? / Und dir?
Il / elle est...	Er / sie ist...
Au revoir / Salut.	Auf Wiedersehen. / Tschüss.
À bientôt.	Bis bald.
À plus tard.	Bis später.
À demain.	Bis morgen.
Je ne comprends pas.	Ich verstehe nicht.
Je ne parle qu'un petit peu de français.	Ich spreche nur ein klein wenig französisch.
Pourriez-vous m'aider, s'il vous plaît? / Peux-tu m'aider, s'il te plaît?	Könnten Sie mir bitte helfen? / Kannst du mir bitte helfen?
J'aimerais... / Je voudrais...	Ich würde gerne... / Ich möchte gerne...
J'aime...	Ich mag...
Je n'aime pas...	Ich mag... nicht.
Avez-vous / Est-ce que vous avez...	Haben Sie...
Combien ça coûte?	Wieviel kostet es?
beaucoup	viel
peu	wenig
bon-marché	billig / günstig
cher	teuer

Pronoms personnels – Personalpronomen

je (ich)	tu (du)	il / elle (er / sie)
nous (wir)	vous (ihr / Sie)	ils / elles (sie, plur.)

KOHL VERLAG
TOUT CE QU'IL VOUS FAUT
Französisch auf Reisen – Bestell-Nr. 12 394

1 Conversations – Unterhaltungen

Pronoms interrogatifs – Fragewörter

que? (was)	**quand?** (wann); steht am Anfang eines Satzes: *Quand est-ce que...?*	**qui?** (wer)	**où?** (wo)
comment? (wie)	**combien?** (wieviel/wie viele)	**pendant combien de temps?** (wie lange)	**qu'est-ce que?** (was.../was ist...)
est-ce que ...? kann jede Entscheidungsfrage einleiten	**quel/quelle?** (welcher/welche)	**quels/quelles?** (welche, m/f)	**pourquoi?** (warum)

„Ceci" et „cela" – „dieses" und „jenes" - Pronoms demonstratifs

À qui appartient **ce** verre?	Wem gehört dieses Glas?
Est-ce que tu aimes **cette** robe?	Magst du dieses Kleid?
Regarde **ces** chevaux. Ils sont beaux!	Sieh mal diese Pferde. Sie sind schön!

Möchte man die Nähe bzw. Entfernung von etwas oder jemandem deutlich machen, benutzt man das Anhängsel „-ci" (=dieses hier) bzw. –„là" (=jenes dort).

Est-ce que tu as bu dans ce verre-**ci**?
- Non, j'ai bu dans ce verre-**là**.

Das Ganze kann man auch noch zusammenziehen:

Est-ce que c'est celui-ci / celle-ci? (diese/r hier?)
- Non, c'est celui-là/celle-là (diese/r dort)

Qui sont **les** enfants qui cherchent leur chien?
- Ce sont **ceux-ci** / **ceux-là**.

Quels sont **les** meilleurs abricots? Ce sont **ceux-ci** / **ceux-là**.
Quelles sont **les** meilleures cerises?
- Ce sont **celles-ci** / **celles-là**.

Und im neutralen Demonstrativpronomen:

Prends ceci. (Nimm dies.)
Regarde ça! (zusammengezogen aus „cela")
C'est drôle. („C'" ist eine Abkürzung sowohl für „ceci" als auch für„cela", wenn darauf ein Vokal folgt.)

Conversations – Unterhaltungen

Les synonymes – Sich mit Hilfe von Wörtern mit gleicher Bedeutung abwechslungsreich ausdrücken

mauvais horrible, désagréable, atroce, moche, infect	**bon** excellent(e), splendide, merveilleux(-euse), super(be), fantastique	**gentil/-le** sympa, chaleureux(-euse), agréable, aimable
rire s'esclaffer, ricaner, pouffer, rigoler	**aimer** adorer, apprécier	**ne pas aimer** détester, avoir horreur de...
triste malheureux/-euse de mauvaise humeur, déprimé/-e, abattu/-e	**content/-e** heureux/-euse, de bonne humeur, à l'aise, épanoui/-e	**grand/-e** haut/-e, énorme, géant/-e
petit/-e bas/-se, minuscule, menu/-e	**beau/belle** joli/-e, superbe, magnifique	**voir** regarder, observer, jeter un coup d'oeil, apercevoir (oe Sonderzeichen)
avoir peur se méfier, être inquiet/-ète, se tracasser, être effrayé/-e, être anxieux/-euse	**courir** galoper, filer, se précipiter, cavaler, foncer, aller vite	**fatigué/-e** épuisé/-e, pas en forme, exténué/-e

KOHL VERLAG TOUT CE QU'IL VOUS FAUT
Französisch auf Reisen – Bestell-Nr. 12 394

2 Nombres – Zahlen

Compter – Grundzahlen mit deutscher Aussprache

0	zéro	„sérô“ (weiches s)
1	un	„ö“ (nasal)
2	deux	„dö“
3	trois	„trua“
4	quatre	„katr’“
5	cinq	„sänk“ (nasal)
6	six	„síss“
7	sept	„sätt“
8	huit	„üítt“
9	neuf	„nöff“
10	dix	„díss“
11	onze	„oons“ (nasal)
12	douze	„duus“ (weiches s)
13	treize	„trääs“ (weiches s)
14	quatorze	„katórs“ (weiches s)
15	quinze	„kääns“ (weiches s)
16	seize	„sääs“ (weiches s)
17	dix-sept	„díssett“
18	dix-huit	„dísüitt“(weiches s)
19	dix-neuf	„dísnöff“
20	vingt	„vä“ (nasal)
21	vingt et un	„vänt é ö“ (nasal)
22	vingt-deux	„vänt-dö“
23	vingt-trois	„vänt-trua“
24	vingt-quatre	„vänt-kattr“
25	vingt-cinq	„vänt-sänk“
26	vingt-six	„vänt-síss“
27	vingt-sept	„vänt-sett“
28	vingt-huit	„vänt-üuitt“
29	vingt-neuf	„vänt-nöff“
30	trente	„troant“ (nasal)
40	quarante	„karoant“
50	cinquante	„sänkoant“
60	soixante	„suassoant“
70	soixante-dix	„suassoant-díss“
71	soixante-et-onze	„suassoant-é-oons“
72	soixante-douze	„suassoant-duus“
80	quatre-vingt	„kattr-vä“ (nasal)

81	quatre-vingt-un	„kattr-vä-ö“
82	quatre-vingt-deux	„kattr-vä-dö“
90	quatre-vingt-dix	„kattr-vä-díss“
91	quatre-vingt-onze	„kattr-vä-oons“
92	quatre-vingt-douze	„kattr-vä-duus“
100	cent	„sá“ (nasal)
1000	mille	„míll“
1.000.000	un million	„ö millió“ (nasal)
1/2	un demi	„ö dömi“
1/3	un tiers	„ö tiär“
1/4	un quart	„ö kaar“
1/5	un cinquième	„ö sänki-äm“
1/6	un sixième	„ö sisiäm“

2 Nombres – Zahlen

Übung 1: *Setze die fehlenden Zahlen ein. Schreibe sie aus.*

a) Quel âge as-tu? (Wie alt bist du?)

J'ai ________________ (34) ans.

b) Combien coûte ce pullover? (Wie viel kostet dieser Pullover?)

Il coûte ____________________________________ (124) euros.

c) Quel âge ont tes enfants? (Welches Alter haben deine Kinder?)

Laurent a ______________ (16) ans, Clara en a ______________ (19)

et Simon a ____________________ (22) ans.

Nombres ordinaux – Ordnungszahlen mit Abkürzungen

1.	premier	(1er)
2.	deuxième/second	(2er)
3.	troisième	(3ème)
4.	quatrième	(4ème)

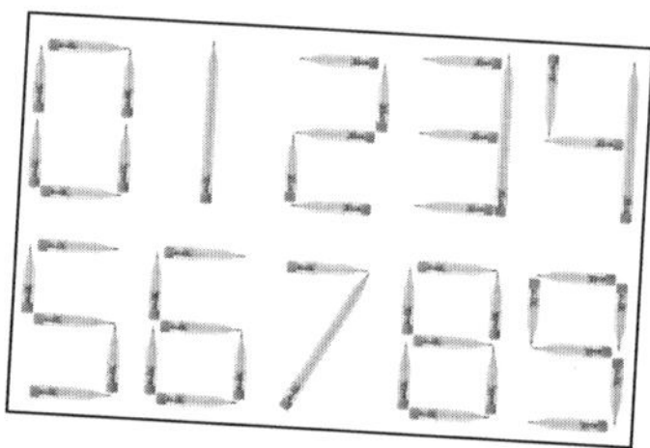

Beachten: Bei Daten benutzt man, außer für den „Ersten", einfach die Grundzahlen. Daher heißt es „le premier octobre", aber „le quatre septembre".

Übung 2: *Setze die Ordnungszahl ein. Schreibe sie aus.*

a) C'est quand, ton anniversaire? (Wann hast du Geburtstag?)

Mon anniversaire est le ____________________ (28) octobre.

b) Quelle est ta position de départ dans la course? (Welche Position hast du im Rennen?)

Je suis la quatrième ____________________ (Vierte).

c) À quel étage se trouve ton appartement? (In welchem Stock befindet sich deine Wohnung?)

Nous habitons au ____________________ (dritte) étage.

3 Nourriture - Essen

Vocabulaire: repas et menus, fruits et légumes

Repas	Mahlzeiten
le petit-déjeuner	das Frühstück
le déjeuner	das Mittagessen
le goûter	süßer Nachmittagsimbiss
le dîner	das Abendessen
le spouper	das Nachtessen
Légumes - Gemüse	**Gemüse**
le chou	der Kohl
la betterave	die rote Bete
la carotte	die Möhre
le chou-fleur	der Blumenkohl
le concombre	die Gurke
les lentilles	die Linsen
la laitue	der Kopfsalat
la mâche	der Feldsalat
la rouquette	die Rauke
les champignons	die Pilze
l'ognon	die Zwiebel
les petits-pois	die Erbsen
le poivron	die Paprika
la citrouille	der Kürbis
les épinards	der Spinat
le maïs	der Mais
la tomate	die Tomate
l'aubergine	die Aubergine
Poisson	**Fisch**
le thon	der Thunfisch
la truite	die Forelle
la poulpe	der Tintenfisch
le saumon	der Lachs
la moule	die Miesmuschel
la coquille Saint-Jacques	die Jakobsmuschel
la crevette	die Garnele
Viande	**Fleisch**
le boeuf	das Rind/Rindfleisch
l'agneau	das Kalb
le porc	das Schwein/Schweinefleisch
l'agneau	das Lamm
le poulet	das Hähnchen
la dinde/le dindon	der Truthahn
le canard	die Ente
le lapin	das Kaninchen
le foie	die Leber
le jambon	der Schinken
le lard	der Speck
la côte	die Rippe
les boulettes	die Buletten
la saucisse	das Würstchen
le saucisson	die Salami/die Wurst
Accompagnement	**Beilagen**
les pommes de terre	die Kartoffeln

TOUT CE QU'IL VOUS FAUT – Bestell-Nr. 12 394
Französisch auf Reisen
KOHL VERLAG

3 Nourriture - Essen

Vocabulaire: repas et menus, fruits et légumes

les pommes (de terre) sautées	Bratkartoffeln
le riz	der Reis
les pâtes	die Nudeln
Fruits	**Obst**
la pomme	der Apfel
la poire	die Birne
le melon	die Honigmelone
la pastèque	die Wassermelone
la fraise	die Erdbeere
la framboise	die Himbeere
la mûre	die Brombeere
la myrtille	die Heidelbeere
les groseilles	die Johannisbeeren
les baies	die Beeren
le citron	die Zitrone
l'orange	die Orange
l'ananas	die Ananas
la mangue	die Mango
la banane	die Banane
la cerise	die Kirsche
la pêche	der Pfirsich
Dessert	**Nachtisch**
le gâteau	der Kuchen
la tarte aux pommes	der Apfelkuchen
le biscuit	der Keks
le flan	der Karamellpudding
la glace/la crème glacée	die Eiscreme
le sorbet	das Fruchteis aus Saft
la crème chantilly	das Schlagsahne
la salade de fruits	der Obstsalat
les crêpes	die (dünnen) Pfannkuchen
la pâtisserie	das süße Gebäck
la compote	das Kompott
la meringue	das Baiser
Boissons	**Getränke**
le thé	der (schwarze oder grüne) Tee
la tisane/l'infusion	der Kräutertee
l'eau plate	das stille Wasser
l'eau gazeuse	das Sprudelwasser
l'eau minérale	das Mineralwasser (in Frankreich meistens still)
le jus de fruits	der Fruchtsaft
le jus de pomme	der Apfelsaft
le jus d'orange	der Orangensaft
la limonade	die Limonade
la grenadine	roter Fruchtsirup
le sirop de menthe	Pfefferminzsirup
la bière	das Bier
le vin –	der Wein
le vin moussant –	der Sekt
le lait –	die Milch
le café –	der Kaffee

TOUT CE QU'IL VOUS FAUT
Französisch auf Reisen – Bestell-Nr. 12 394
KOHL VERLAG

3 Nourriture - Essen

Conversations autour de la nourriture – Gespräche rund ums Essen

Qu'est-ce que vous aimeriez boire?	Was würden Sie gerne trinken?
Pourriez-vous nous apporter le menu, s'il vous plaît?	Können Sie uns bitte die Speisekarte bringen?
Avez-vous...?/Est-ce que vous avez...?	Haben Sie...?
Je voudrais...	Ich hätte gerne...
Autre chose?	Noch etwas?
C'est tout.	Das ist alles.
L'addition, s'il vous plaît.	Die Rechnung bitte!
le pourboire	Trinkgeld
Est-ce qu'il y a un bon restaurant par ici?	Wo gibt es hier ein gutes Restaurant?
Y a-t-il un restaurant avec des spécialités de la région?	Gibt es ein typisches Restaurant in der Nähe?
Est-ce-qu"il y a un bistrot/une brasserie sympa?	Gibt es hier eine gemütliche Kneipe?
Pourriez-vous nous réserver une table à deux personnes pour ce soir, s'il vous plaît?	Können Sie uns bitte für heute Abend einen Tisch für zwei Personen reservieren.
Santé!/Chin-chin!	Zum Wohl! / Prost!
La nourriture était excellente.	Das Essen hat vorzüglich geschmeckt.
La nourriture était trop salée.	Mein Essen war versalzen.
Mon assiette était froide.	Mein Teller war kalt.
À table!	**Zu Tisch!**
la table	der Tisch
mettre la table/mettre le couvert	den Tisch decken
la nappe (de table)	die Tischdecke
la serviette (de table)	die Serviette
les couverts	das Besteck
la fourchette	die Gabel
le couteau	das Messer
la cuiller/la cuillère	der Löffel
la cuiller à soupe	der Esslöffel
la cuiller à café	der kleine Löffel
le verre	das Glas
la bouteille	die Flasche
la carafe	die Karaffe
la tasse	die Tasse
la théière	die Teekanne
la cafetière	die Kaffeekanne

3 Nourriture - Essen

Übung 1: *Sprecht in einer Dreiergruppe über eure Essgewohnheiten. Benutzt die folgenden Ausdrücke:*

- Qu'est-ce que tu aimes manger?
- Qu'est-ce que tu n'aimes pas du tout?
- J'aime...
- Je n'aime pas...
- Mon plat préféré, c'est...
- Je préfère...

Übung 2: *Spiele mit deiner Gruppe eine Szene in einem Restaurant.*

Übung 3: *Themen für eine Diskussion: „Une alimentation saine“.*

- Attention avec le sucre et le sel!
- Il ne faut pas manger trop de graisse.
- Il faut boire assez: deux litres d'eau ou de tisanes non-sucrées par jour.
- Des fruits et des légumes cinq fois par jour.
- Du mouvement en plein air.
- Assez de vitamines.
- Assez de sommeil (environ 8 heures par nuit).

4 Vêtements - Kleidung

Vocabulaire utile

les soldes	der Schlussverkauf
la boutique	der Laden
la caisse	die Kasse
la robe	das Kleid
le pantalon	die Hose
la paire de jeans/le jean	die Jeans
la jupe	der Rock
le chemisier	die Bluse
la chemise	das Hemd
le teeshirt	das T-Shirt
le pullover	der Pullover
la sous-chemise	das Unterhemd
la (petite) culotte/le slip	die Unterhose
la paire de collants/le collant	die Strumfhose
la chaussette	der Strumpf
la chaussure	der Schuh
la botte	der Stiefel
la veste	die Jacke
le manteau	der Mantel
le tissus	der Stoff
le coton	die Baumwolle
la laine	die Wolle
le cuir	das Leder
le tissus synthétique	der Kunststoff
la manche	der Ärmel
le col	der Kragen
long/-ue	lang
court/-e	kurz
large (m+f)	weit
étroit/-e	eng
Où est-ce que je trouve...?	Wo finde ich...?
Est-ce que vous l’avez en bleu?	Haben Sie das in blau?
Je regarde simplement, merci.	Ich schaue nur, danke.
la cabine d’essayage	Die Umkleidekabine

5 Couleur – Farbe

Couleur – Farbe

Übung 1: *Färbe die Töpfe mit der angegebenen Farbe.*

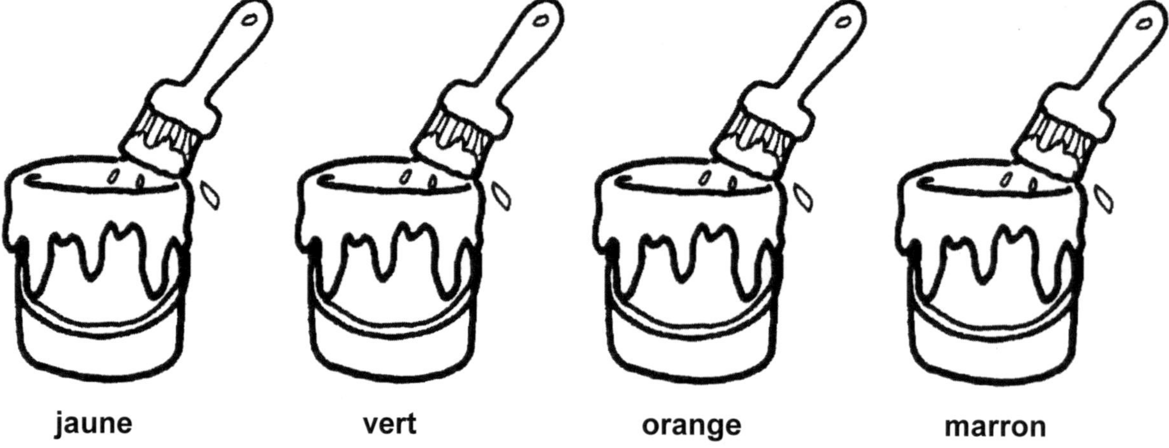

jaune **vert** **orange** **marron**

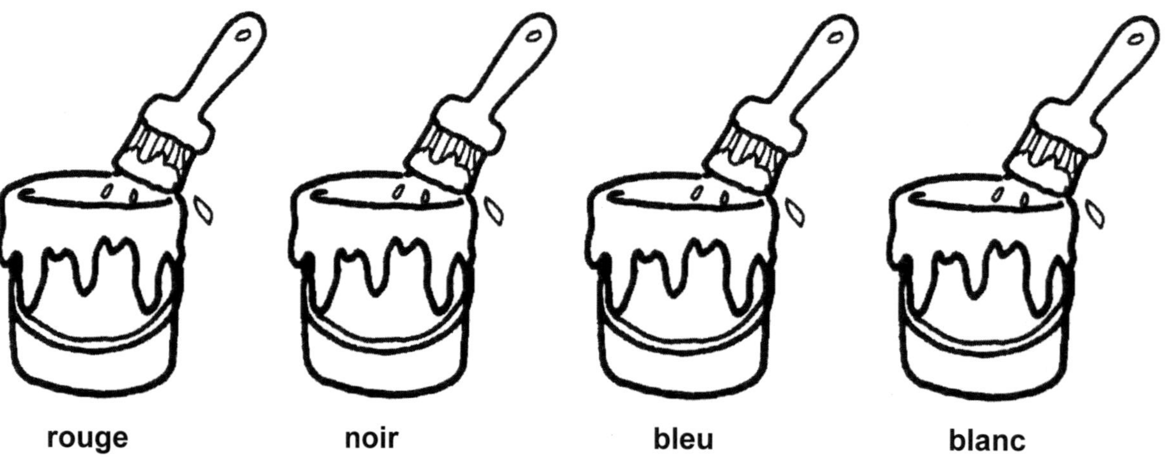

rouge **noir** **bleu** **blanc**

jaune	gelb
vert	grün
orange	orange
marron	braun
rouge	rot
noir	schwarz
bleu	blau
blanc	weiß

5 Couleur – Farbe

Beachte: Die Farbadjektive richten sich nach dem **Geschlecht** und der **Anzahl** der Dinge, auf die sie sich beziehen.
Leider gibt es auch hier ein paar Ausnahmen: So sind Farbadjektive, die sich von Früchten oder Blumen ableiten, unveränderlich., z.B. marron, orange, crème

Übung 2: *Frage einen Partner nach den Farben. Dann tauscht die Rollen.*

Beispiel: De quelle couleur est **le** blouson ? – **Il** est bleu.
De quelle couleur est **la** chemise ? **Elle** est bleue.
De quelle couleur sont **les** raisins ? **Ils** sont verts.
De quelle couleur sont **les** pommes ? – **Elles** sont vertes.

	le pullover?	
	le pantalon?	
	la veste?	
	le teeshirt?	
De quelle couleur est...	les chaussettes?	Elle/il est...
De quelle couleur sont...	le chemisier?	Elles/ils sont...
	la jupe?	
	les collants?	
	la robe?	
	les bottes?	
	....	

Übung 3: *Bildet Gruppen. Eine Person beschreibt die Kleidung eines Gruppenmitgliedes. Die anderen versuchen herauszufinden, um wen es sich handelt.*

„La personne porte un/une/des ……. , ……….. et ………………… .
Qui est-ce?“ „C'est …..“

Übung 4: *Farbadjektive. Ordne die Adjektive den Kleidungsstücken zu.*

6 La météo – Wetter und Klima

Le temps – symboles

le soleil – une journée ensol-eillée

la pluie – un temps pluvieux

le nuage – un ciel nuageux/ couvert

l'orage – un temps orageux

le vent – il y a du vent

la tornade, les éclairs, le tonnerre

la neige – un temps neigeux

la chaleur – il fait chaud

le froid – il fait froid

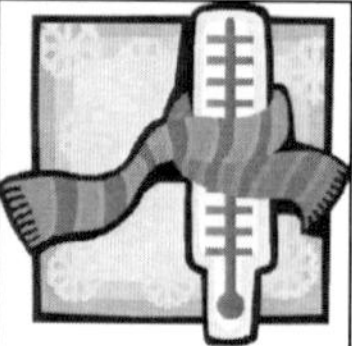
la glace - glacial

le brouillard

Quel temps fait-il?	Wie ist das Wetter?
la météo	die Wettervorhersage
le soleil	die Sonne
ensoleillé/-e	sonnig
le nuage	die Wolke
nuageux/couvert	wolkig/bedeckt
la pluie	der Regen
pluvieux	regnerisch
le vent	der Wind
la tempête	der Sturm
l'orage	das Gewitter
l'éclair (m.)	der Blitz
la neige	der Schnee
l'arc-en-ciel	der Regenbogen
chaud	warm/heiß
frais	frisch, kühl
froid	kalt
la glace	das Eis
glacial	eisig
le brouillard	der Nebel
un temps magnifique	herrliches Wetter
un temps horrible	schreckliches Wetter
Il fait beau.	Das Wetter ist schön.
Il fait trente degrés.	Es hat dreißig Grad.

<u>Übung 1</u>: *Sprich in deiner Gruppe über das Wetter.*

Beispiel: Quel temps fait-il aujourd'hui? – Aujourd'hui, il fait/il y a ...

TOUT CE QU'IL VOUS FAUT
Französisch auf Reisen – Bestell-Nr. 12 394
KOHL VERLAG

7 L'heure – Uhrzeit

Quelle heure est-il?

heures cinq:	fünf nach .....
heures dix:	zehn nach .....
heures et quart:	viertel nach .....
heures vingt:	zwanzig nach .....
heures et demie:	halb...

Achtung: Im **Französischen** bezieht sich die Zeitangabe „halb" immer auf die **soeben vergangene Stunde**. Im **Deutschen** hingegen bezieht sich „halb" auf die **gerade ablaufende Stunde**. Man sagt auf französisch „onze heures **et** demie", also „elfeinhalb Uhr", statt, wie im Deutschen, „halb zwölf".

heures **moins** vingt:	zwanzig **vor** ...	heures **moins** le quart:	viertel **vor** ...
heures **moins** dix:	zehn **vor** ...	heures **moins** cinq:	fünf **vor** ...

Vocabulaire

Quelle heure est-il?	Wie spät ist es?
Il est dix heures moins cinq.	Es ist fünf vor zehn.
Quel bus dois-je prendre pour aller à ...	Welchen Bus muss ich nehmen, um nach ... zu fahren?
Quand est-ce que le prochain bus pour … part?	Wann fährt der nächste Bus nach…?
Quand est-ce que ce train arrivera à ...?	Wann wird dieser Zug in ... ankommen?
Est-ce que ce bus/train va à ...?	Fährt dieser Bus/Zug nach .....?
Aller simple ou aller-retour?	Einfache Fahrt oder Hin- und Rückfahrt?
… heures du matin/de l'après- midi/du soir	… Uhr morgens/nachmittags/abends

Übung 1: *Zeichne die Zeiger der Uhr zur angegebenen Zeit ein und schreibe die Uhrzeit auf Französisch darunter.*

22:10	2:22	8:46	1:34
______________	______________	______________	______________

7 L'heure – Uhrzeit

heure	en langage parlé (umgangssprachlich)	plus précisément (genauer)
06:10	six heures dix	six heures dix
06:15	six heures et quart	six heures quinze
06:30	six heures et demie	six heures trente
06:45	sept heures moins le quart	six heures quarante-cinq
06:55	sept heures moins cinq	six heures cinquante-cinq
12:00	midi	midi
00:00/24:00	minuit	minuit
07:00	sept heures du matin	sept heures
17:00	cinq heures de l'après-midi	dix-sept heures
19:00	sept heures du soir	dix-neuf heures
22:00	dix heures du soir	vingt-deux heures

<u>Übung 2</u>: *Schreibe die Zeit auf traditionelle Art.*

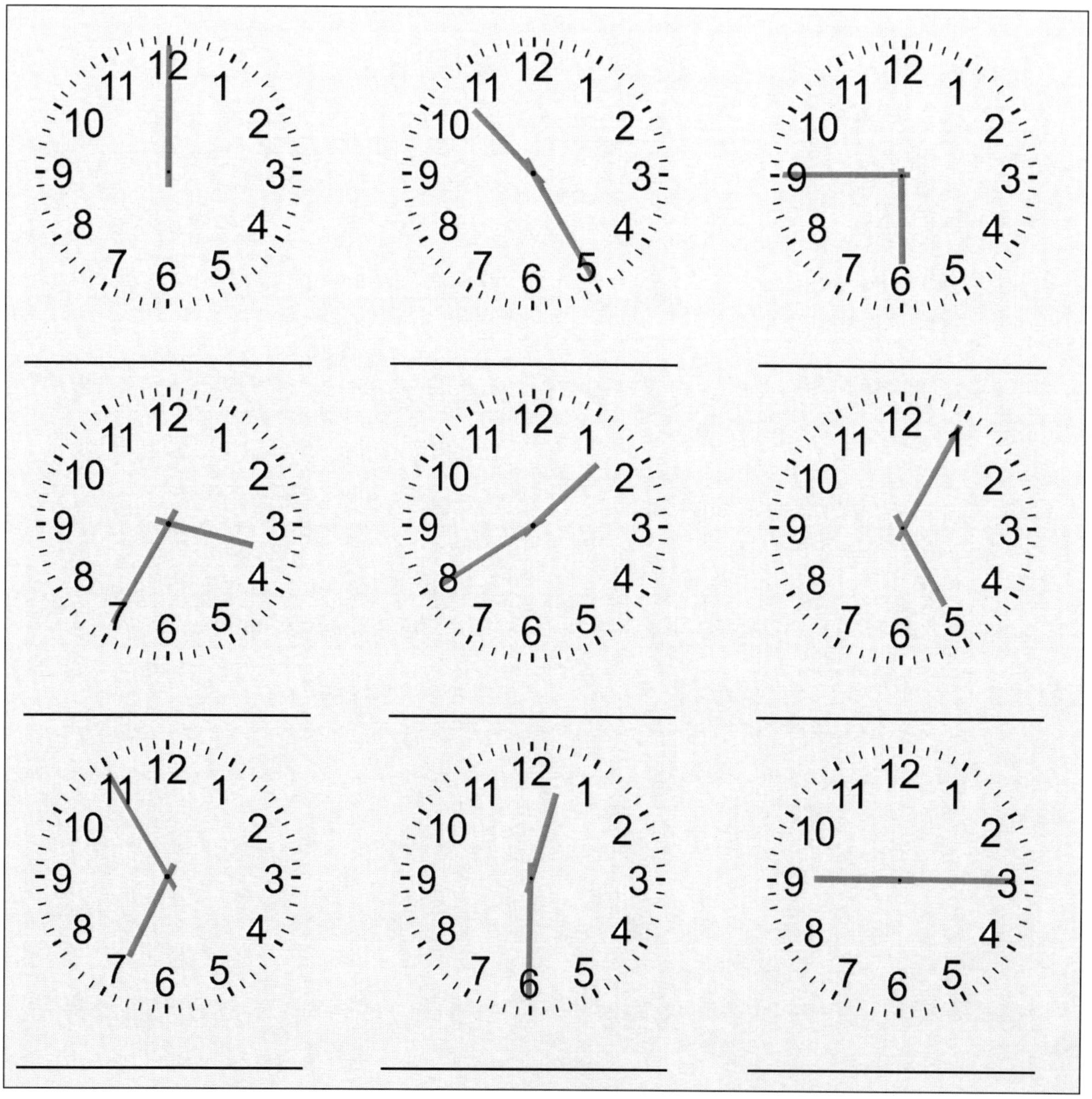

______________ ______________ ______________

______________ ______________ ______________

______________ ______________ ______________

TOUT CE QU'IL VOUS FAUT – Bestell-Nr. 12 394
Französisch auf Reisen
KOHL VERLAG

8 Moyens de transport – Transportmittel

En route! – Auf geht's!

le départ	die Abreise/Abfahrt/der Abflug
l'arrivée (f.)	die Ankunft
l'enregistrement (m.)	die Gepäckaufgabe/der Check-In
le bureau d'objets trouvés	das Fundbüro
L'avion/le train a du retard.	Das Flugzeug/der Zug ist verspätet.
Le vol no 1046 a été annulé.	Flug Nr. 1046 wurde abgesagt.
L'heure d'arrivée estimée sera 21 heures.	Die voraussichtliche Ankunftszeit ist 21 Uhr.
Dernier appel pour l'embarquement!	Letzter Aufruf zum Boarding!
Tous les passagers doivent passer par le contrôle de sécurité.	Alle Passagiere müssen durch den Sicherheitscheck.
Utilisez le couloir d'embarquement pour monter dans l'avion s'il vous plaît.	Nutzen Sie zum Einstieg bitte die Gangway.
Il est défendu de fumer et de boire de l'alcool.	Rauchen und Alkohol trinken sind verboten.
Ne laissez jamais vos bagages sans surveillance.	Lassen Sie Ihr Gepäck niemals unbeaufsichtigt.
Attention aux pick-pockets!	Vorsicht vor Taschendieben!
Où est-ce que je peux faire imprimer un nouveau billet?	Wo kann ich ein neues Ticket drucken lassen?
Redressez votre siège.	Stellen Sie Ihren Sitz gerade.
Repliez votre table.	Klappen Sie Ihren Tisch hoch.
Les gilets de sauvetage se trouvent en dessous du siège devant vous.	Schwimmwesten befinden sich unter dem Sitz vor Ihnen.
Veuillez retourner à votre siège et attacher votre ceinture.	Bitte kehren Sie zu Ihrem Sitz zurück und legen Sie Ihren Sicherheitsgurt an.
Avez-vous des chambres libres?	Haben Sie noch Zimmer frei?
chambre simple/chambre double	Einzel-/Doppelzimmer
Pourrais-je avoir un appel de réveil?	Könnte ich einen Weckruf haben?
Avez-vous des bagages?	Haben Sie Gepäck?
Quelle est votre valise?	Welches ist Ihr Koffer?
Il faut libérer la chambre avant onze heures.	Sie müssen das Zimmer vor elf Uhr verlassen.
la lessive	die Wäsche
Pourriez-vous m'appeler un taxi, s'il vous plaît?	Könnten Sie mir bitte ein Taxi rufen?
À quel étage se trouve la salle à manger?	Auf welcher Etage befindet sich der Speisesaal?
Excusez-moi, où se trouve la prochaine banque?	Entschuldigen Sie, wo befindet sich die nächste Bank?
Où est le prochain arrêt de bus?	Wo ist die nächste Bushaltestelle?
attrapper un bus/un train	einen Bus/Zug erwischen
râter le bus/train	den Bus/Zug verpassen

TOUT CE QU'IL VOUS FAUT
Französisch auf Reisen – Bestell-Nr. 12 394
KOHL VERLAG

8 Moyens de transport – Transportmittel

En route! – Auf geht's!

Le bus numéro 7 va au centre-ville.	Bus Numer 7 fährt ins Stadtzentrum.
Quand est-ce que le bus numéro 38 arrive?	Wann kommt Bus Nummer 38 an?
Il y a un bus toutes les dix minutes.	Alle zehn Minuten fährt ein Bus.
Combien de temps me faut-il pour aller à ...?	Wie lange brauche ich nach ...?
Elle arrive en train.	Sie kommt mit dem Zug.
Allons à pied.	Gehen wir zu Fuß.
le trottoir	der Bürgersteig
le passage-piéton	der Fußgängerüberweg
le passage souterrain	die Unterführung
Est-ce qu'on peut prendre les vélos?	Können wir die Fahrräder mitnehmen?
Je suis désolé, mais mon vélo est cassé.	Es tut mir leid, aber mein Fahrrad ist kaputt.
Allons trouver un marchand de vélos pour le réparer.	Lasst uns einen Fahrradhändler suchen, um es zu reparieren.
Tu peux m'emmener?	Kannst du mich mitnehmen?
Où est la clé de ma voiture?	Wo ist mein Autoschlüssel?
La voiture grise, là-bas, c'est la mienne.	Das graue Auto da drüben ist meins.
La plaque d'immatriculation	das Nummernschild
En voiture, on est plus rapide qu'à vélo.	Mit dem Auto ist man schneller als mit dem Fahrrad.
La voiture rouge est plus rapide que la voiture noire.	Das rote Auto ist schneller als das schwarze.
Pouvez-vous nous aider à pousser la voiture s'il vous plaît?	Können Sie uns bitte helfen, das Auto anzuschieben?
La circulation automobile est interdite dans ce quartier.	In diesem Viertel ist der Autoverkehr untersagt.
Pardon, où est-ce que je peux garer ma voiture?	Entschuldigung, wo kann ich mein Auto parken?
Il y a un parking de l'autre côté.	Auf der anderen Seite gibt es einen Parkplatz.
Il a été touché/renversé par une voiture.	Er wurde von einem Auto an-/umgefahren.
On prend le métro?	Sollen wir die U-Bahn nehmen?
Attention à l'écart entre le wagon et le quai.	Achten Sie auf die Lücke zwischen Wagen und Bahnsteig.
Attention! Les portes se ferment automatiquement.	Achtung! Die Türen schließen automatisch.
le terminus	die Endstation
hors service	außer Betrieb
le retard	die Verspätung

TOUT CE QU'IL VOUS FAUT
Französisch auf Reisen – Bestell-Nr. 12 394

8 Moyens de transport – Transportmittel

Vocabulaire important pour circuler en voiture – wichtige Ausdrücke beim Autofahren

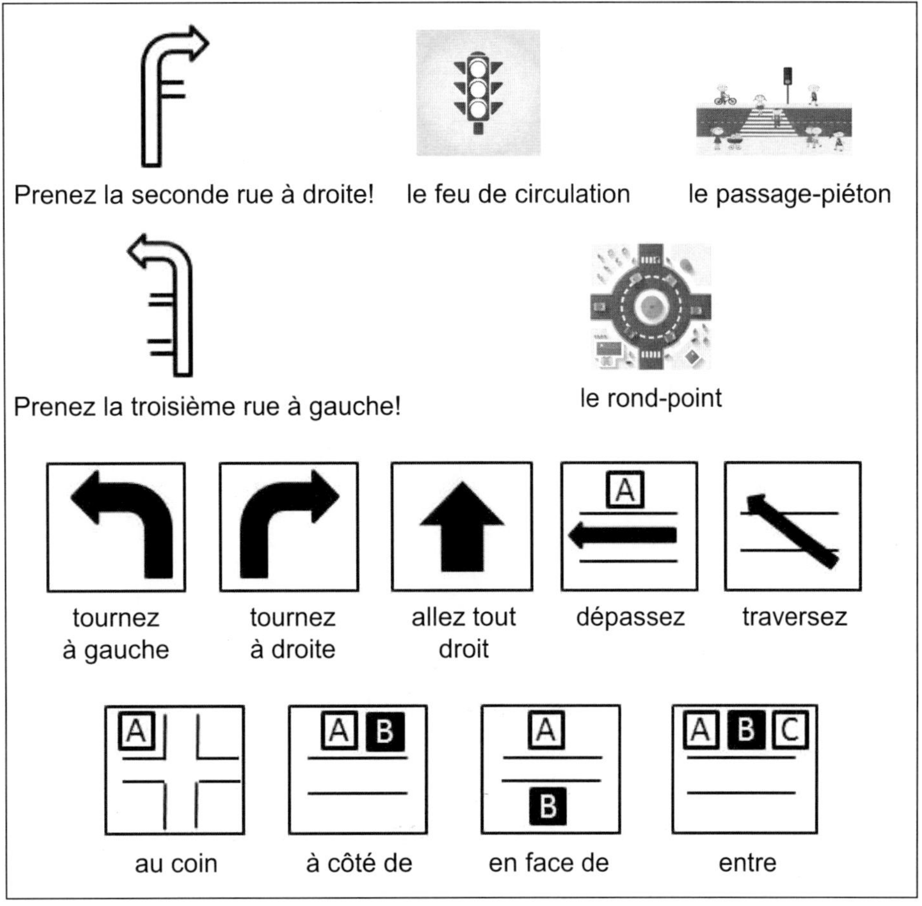

<u>Übung 1</u>: *Setze die Übersetzung ein.*

départ	
arrivée	
	Gepäckaufgabe
	Verlorene Gegenstände
L’avion a du retard.	
Le vol no 1046 a été annulé.	
Dernier appel pour l’embarquement!	
	Alle Passagiere müssen sich zum Sicherheitscheck begeben.
	Nutzen Sie zum Einstieg bitte die Gangway.
Attention aux pick-pockets!	
Redressez votre siège.	
	Klappen Sie die Tische hoch.
	Schwimmwesten befinden sich unter dem Sitz vor Ihnen.
Retournez à votre place et attachez votre ceinture s’il vous plaît.	

KOHL VERLAG
TOUT CE QU’IL VOUS FAUT
Französisch auf Reisen – Bestell-Nr. 12 394

9 Au secours! – Hilfe!

Vocabulaire important lorsque vous avez besoin d'aide – Wenn Sie Hilfe brauchen

Panne de voiture	Autopanne
Ma voiture est tombée en panne.	Ich habe eine Autopanne
Pourriez-vous m'envoyer une dépanneuse, s'il vous plaît?	Könnten Sie mir bitte einen Abschleppwagen schicken?
Y a-t'il un garage dans les environs?	Gibt es in der Gegend eine Werkstatt?
Où se trouve la prochaine station d'essence?	Wo befindet sich die nächste Tankstelle?
Le plein, s'il vous plaît.	Ganz voll, bitte.
l'essence normale	Normalbenzin
le supercarburant	Super
le diesel	Diesel
sans plomb	bleifrei
Au secours!	Hilfe!
Attention!	Achtung! Vorsicht!
Appelez les urgences!	Tätigen Sie einen Notruf!
la police	die Polizei
les pompiers	die Feuerwehr
l'ambulance	der Rettungswagen
C'était de ma faute.	Es war meine Schuld.
C'est une urgence!	Dies ist ein Notfall!
Pouvez-vous recommander un bon médecin?	Können Sie einen guten Arzt empfehlen?
J'ai mal ici.	Hier tut es mir weh.
diarrhée	Durchfall
avoir de la fièvre/de la température	Fieber/erhöhte Temperatur haben
avoir mal à la tête	Kopfschmerzen haben
avoir mal au ventre	Bauchschmerzen haben
avoir mal aux dents	Zahnschmerzen haben
avoir le vertige	an Schwindel leiden
la fibrillation cardiaque	das Herzflimmern
mal aux oreilles/l'otite (f)	Ohrenschmerzen/die Ohrenentzündung
la grippe	die Grippe
Votre carte d'assurance, s'il vous plaît	Ihre Versicherungskarte, bitte.
Combien de temps dois-je rester?	Wie lange muss ich bleiben?
l'assurance santé	die Krankenversicherung
le rhume	Der Schnupfen
le refroidissement	Die Erkältung
l'hôpital (m)	das Krankenhaus
le pansement	der Verband

9 Au secours! – Hilfe!

Vocabulaire important lorsque vous avez besoin d'aide – Wenn Sie Hilfe brauchen

le sparadrap	das Pflaster
la béquille	die Krücke
la pillule / le cachet	die Pille / die Tablette
le médicament	das Medikament
le traitement	die Behandlung
le repos	die (Bett-)Ruhe
le congé de maladie	die Krankschreibung
le régime léger	Schonkost

Übung 1: *Welche Beschwerden liegen vor? Schreibe unter das Bild.*

a) ______________________________

b) ______________________________

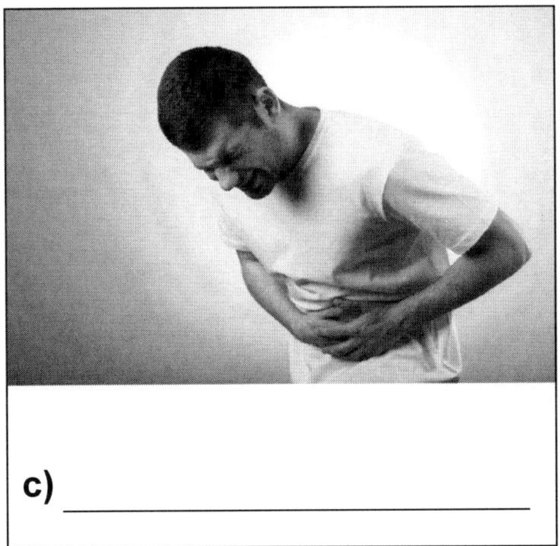

c) ______________________________

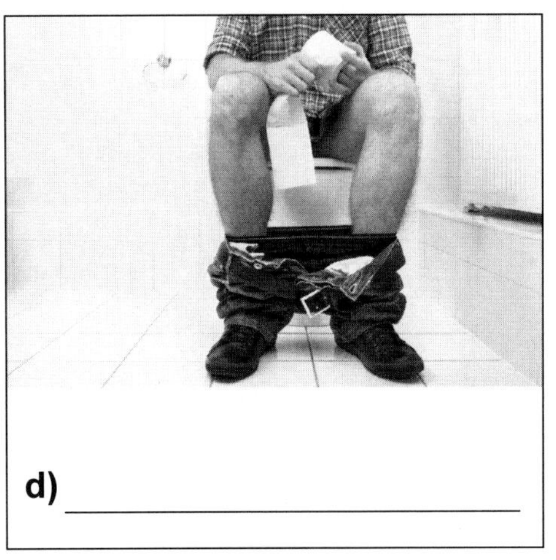

d) ______________________________

10 Métiers – Berufe

Vocabulaire important

agent-comptable (m+f)	BuchhalterIn
acteur/-trice – comédien/-ne	SchauspielerIn
architecte (m+f)	ArchitektIn
auteur / écrivain/-e	AutorIn/SchriftstellerIn
employé/-e de banque	Bankangestellte(r)
boulanger/-ère	BäckerIn
coiffeur/-euse	FriseurIn
forgeron/-ne	Schmied
maçon/-ne	MaurerIn
conducteur/-trice de bus	BusfahrerIn
boucher/-ère	MetzgerIn
charpentier/-ère – menuisier/-ère	SchreinerIn/TischlerIn
garagiste	AutomechanikerIn
cuisinier/-ère	Koch/Köchin
femme de ménage	Putzfrau
pharmacien/-ne	ApothekerIn
ramoneur/-euse	SchornsteinfegerIn
pâtissier/-ère	KonditorIn
décoarateur/-trice	RaumausstatterIn
dentiste	Zahnarzt/Zahnärztin
dessinateur/-trice de mode	ModedesignerIn
médecin(m+f)	Arzt/Ärztin
pompier	Feuerwehrmann
pêcheur	Fischer
marchand/-de de poissons	FischhändlerIn
forestier/-ère	FörsterIn
épicier/-ère	LebensmittelhändlerIn
jardinier/-ère	GärtnerIn
vitrier/-ère	GlaserIn
directeur/-trice (d'école)	(Schul-)DirektorIn
traducteur/-trice	ÜbersetzerIn
bijoutier/-ère	JuwelierIn
journaliste (m+f)	JournalistIn
juge (m+f)	RichterIn
avocat/-e	Anwalt/Anwältin
libraire (m+f)	BuchhändlerIn
huissier/-ère	SchlosserIn
chauffeur routier	LKW-Fahrer
dirigeant/-e	LeiterIn, GeschäftsführerIn
mineur/-e	Minenarbeiter/in
musicien/-ne	MusikerIn
agent/-e de nouvelles	ZeitungshändlerIn
infirmier/-ère	KrankenpflegerIn
opticien/-ne	Optiker/in
ophtalmologue (m+f)	Augenarzt/Augenärztin
peintre(m+f)	MalerIn

KOHL VERLAG TOUT CE QU'IL VOUS FAUT Französisch auf Reisen – Bestell-Nr. 12 394

10 Métiers – Berufe

Vocabulaire important

photographe (m+f)	FotografIn
pilote (m+f)	PilotIn
plombier/-ière	KlempnerIn
agent/-e de police / policier/-ère	PolizistIn
concierge (m+f)	PförtnerIn
agent/-e de poste, facteur/-e	BriefträgerIn
porteur/-euse de journaux	ZeitungsausträgerIn
speaker, speakerine	Radio-/NachrichtensprecherIn
réceptionniste (m+f)	RezeptionistIn
couvreur/-euse	DachdeckerIn
marin	Matrose
secrétaire (m+f)	SekretärIn
cordonnier/-ère	SchusterIn
vendeur/-euse	VerkäuferIn
programmeur/-euse	ProgrammiererIn
chirurgien/-ne	ChirurgIn
tailleur/-euse, couturier/-ère	SchneiderIn
conducteur/-trice de taxi	TaxifahrerIn
instituteur/-trice, enseignant/-e	LehrerIn
technicien/-ne	TechnikerIn
vétérinaire (m+f)	Tierarzt/-ärztin
serveur(-euse)	KellnerIn
horloger/-ère	UhrmacherIn
gardien/-ne de zoo	ZoowärterIn
orfèvre (m+f)	GoldschmiedIn

Übung 1: *Finde den Beruf. Setze die fehlenden Buchstaben ein.*

a) v _ n d _ _ r **b)** é _ i _ _ e r **c)** d _ n _ i _ t _

d) c _ n d _ c _ e _r _ _ b_s **e)** r _ m _ n _ _ r **f)** c _ i _ u _ g _ e n _ _

g) a _ t _ i c **h)** g _ r d _ _ n _ _ z _ _

Übung 2: *Finde die passende Berufsbezeichnung und setze ein.*

a) Une ____________________ écrit des articles pour des journaux et des magazines.

b) Un ________________________ travaille dans un bureau, répond au téléphone et aux lettres et e-mails.

c) Vous trouverez le ______________________ au comptoir à l'hôtel. Il a les clés de votre chambre.

Übung 3: *Beschreibe die Tätigkeit.*

a) Un photographe ____.

b) Une agente de poste ____.

c) Un fleuriste ___________________________________.

TOUT CE QU'IL VOUS FAUT
Französisch auf Reisen – Bestell-Nr. 12 394

10 Métiers – Berufe

Übung 4: *Trouvez les métiers décrits. Vous allez savoir le nom du fondateur de Médecins sans Frontières et Médecins du Monde, des associations humanitaires internationales d'aide médicale.*

1. Il est présentateur radio ou télé.
2. Il/elle informe le public (par la presse, la radio ou la télé).
3. Il/elle vend des livres.
4. Elle soigne les malades sous la direction d'un medecin.
5. Il vend et fabrique des lunettes.
6. Il/elle soigne les animaux.
7. Il découpe et vend la viande.
8. Elle surveille le parc zoologique.

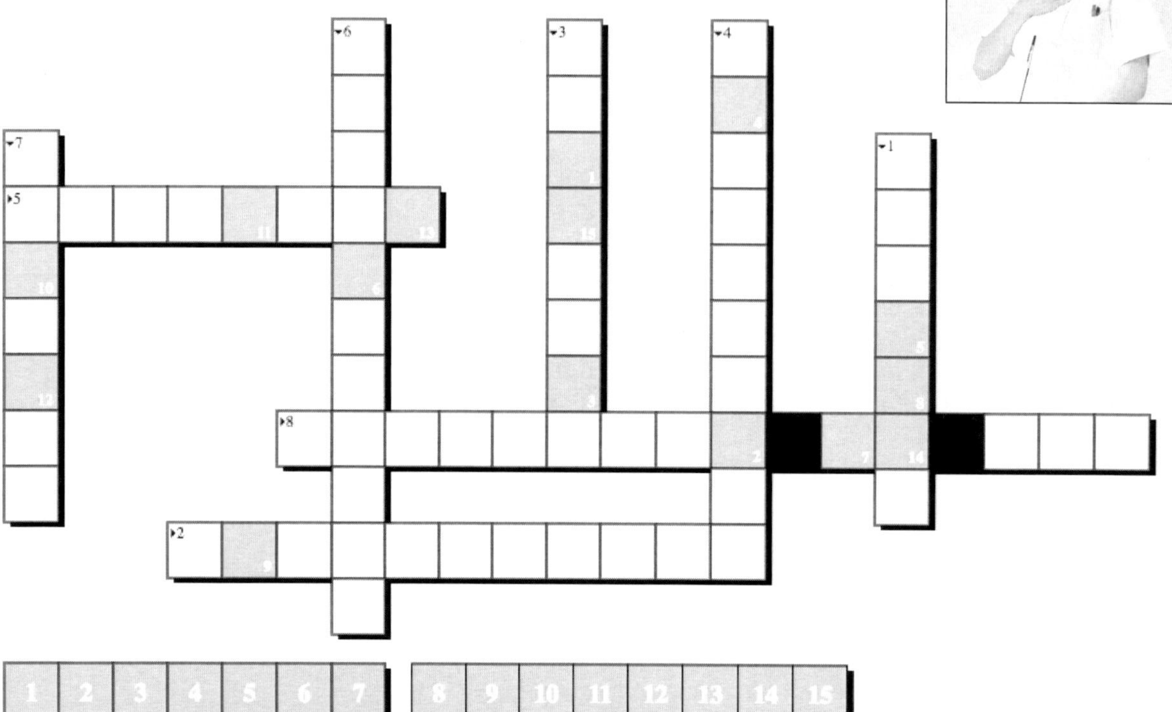

11 Expressions utiles - Wie sagt man…?

Expressions utiles

Quand on **demande l'opinion de quelqu'un** – nach der Meinung von jemandem fragen

- Que penses-tu/Qu'est-ce que tu penses de ... ?
- Quelle est ton opinion sur ... ?
- J'aimerais savoir/connaître ton opinion/ton point de vue sur...
- Est-ce que tu es d'accord sur/avec ... ?

Quand on **exprime son point de vue** – die eigene Meinung ausdrücken

- Personellement, je pense que ...
- À mon avis ...
- Moi, je dirais que ...
- Je pense que ...
- Selon mon expérience ...
- Je veux dire que ...
- Je trouve important de dire que...

Quand on **est d'accord avec quelqu'un** – wenn man jemandem zustimmt

- Exactement!
- Parfaitement!
- Je suis (tout à fait) d'accord avec toi.
- C'est vrai./C'est correct.
- C'est ce que je pense aussi.
- Tu as tout à fait raison.
- Je suis d'accord avec ça.
- Bon argument!

Quand on **n'est pas d'accord avec quelqu'un** – wenn man anderer Meinung ist

- Au contraire! Je pense que ...
- Je ne suis pas d'accord avec toi.
- Désolé(e) de te contredire, mais ….
- Je ne pense pas que ce soit correct.
- Je suis d'autre avis.
- Tu te trompes.
- Les choses sont différentes.
- Ce n'est pas du tout la même chose !
- Il faut quand-même dire que...

11 Expressions utiles - Wie sagt man…?

Expressions utiles

<u>Écrire une lettre</u> – <u>einen Brief schreiben</u>

Anrede: Cher/Chère…
Abschluss (formell): „je vous prie d'agréer l'expression de mon profond respect"
(etwas weniger formell): „cordialement", „avec mes meilleures salutations"
Abschluss (persönlich): „sincèrement" (noch persönlicher:)„tendrement", „affectueusement", „grosses bises"

<u>Demande de Visa - Visumsantrag</u>

Vocabulaire important

nom (de famille)	Nachname
prénom	Vorname
âge	Alter
sexe	Geschlecht
nationalité	Nationalität
lieu et date de délivrance	Ort und Datum der Ausstellung
résidence principale	Wohnort
numéro de passeport	Passnummer
numéro de vol/de navire	Flug-/Schiffsnummer
objectif de voyage	Zweck der Reise
touristique/professionnel	touristisch/geschäftlich

KOHL VERLAG
TOUT CE QU'IL VOUS FAUT
Französisch auf Reisen – Bestell-Nr. 12 394

12 Les groupes de verbes et les différents temps – die Verbgruppen und die verschiedenen Zeitformen

Achtung: Im französischen gibt es drei Gruppen von Verben. Zu welcher Gruppe ein Verb gehört, entscheidet darüber, wie es konjugiert wird.

	1er groupe	2ème groupe	3ème groupe		
	Verbes qui se terminent sur ***„-er“*** *(Attention!* ***Pas*** *„aller“!)*	*Verbes qui se terminent sur* ***„-ir“*** *mais qui font „-iss -ons, -ez, -ent“*	*Verbes qui se terminent sur* ***„-ir“, „-oir“, „-re“***		
	travailler	**finir**	**courir**	**devoir**	**prendre**
Indicatif:	je travaill**e** tu travaill**es** il/elle/on travaill**e** nous travaill**ons** vous travaill**ez** ils/elles travaill**ent**	je fini**s** tu fini**s** il/elle/on fini**t** nous finiss**ons** vous finiss**ez** ils/elles finiss**ent**	je cour**s** tu cour**s** il cour**t** nous cour**ons** vous cour**ez** ils/elles cour**ent**	je doi**s** tu doi**s** il/elle/on doi**t** nous dev**ons** vous dev**ez** ils/elles doiv**ent**	je prend**s** tu prend**s** on pren**d** nous pren**ons** vous pren**ez** ils prenn**ent**
Passé composé:	j’**ai** travaill**é** tu **as** travaill**é** il/elle/on **a** travaill**é** nous **avons** travaill**é** vous **avez** travaill**é** ils **ont** travaill**é**	j‘**ai** fini tu **as** fini il/elle/on **a** fini nous **avons** fini vous **avez** fini ils/elles **ont** fini	j’**ai couru** tu **as couru** il **a couru** nous **sommes couru** vous **êtes couru** ils/elles **ont couru**	J’**ai** dû tu **as** dû il/elle/on **a** dû nous **avons** dû vous **avez** dû ils/elles **ont** dû	j’**ai** pris tu **as** pris il/elle/on **a** pris nous **avons** pris vous **avez** pris ils/elles **ont** pris
Imparfait:	je travaill**ais** tu travaill**ais** il/elle/on travaill**ait** nous travaill**ions** vous travaill**iez** ils/elles travaill**aient**	je finiss**ais** tu finiss**ais** il/elle/on finiss**ait** nous finiss**ions** vous finiss**iez** ils/elles finiss**aient**	je cour**ais** tu cour**ais** il/elle/on cour**ait** nous cour**ions** vous cour**iez** ils/elles cour**aient**	je dev**ais** tu dev**ais** il/elle/on dev**ait** nous dev**ions** vous dev**iez** ils/elles dev**aient**	je pren**ais** tu pren**ais** il/elle/on pren**ait** nous pren**ions** vous pren**iez** ils/elles pren**aient**

Les groupes de verbes et les différents temps – die Verbgruppen und die verschiedenen Zeitformen

	1er groupe	2ème groupe	3ème groupe		
	*Verbes qui se terminent sur **„-er“** (Attention! **Pas** „aller“!)*	*Verbes qui se terminent sur **„-ir“** mais qui font „-iss -ons, -ez, -ent“*	*Verbes qui se terminent sur **„-ir“, „-oir“, „-re“***		
	travailler	**finir**	**courir**	**devoir**	**prendre**
Futur proche:	je **vais** travaill**er** tu **vas** travaill**er** il/elle/on **va** travaill**er** nous **allons** travaill**er** vous **allez** travaill**er** ils/elles **vont** travaill**er**	je **vais** fin**ir** tu **vas** fin**ir** il/elle/on **va** fin**ir** nous **allons** fin**ir** vous **allez** fin**ir** ils/elles **vont** fin**ir**	je **vais** cour**ir** tu **vas** cour**ir** il/elle/on **va** cour**ir** nous **allons** cour**ir** vous **allez** cour**ir** ils/elles **vont** cour**ir**	je **vais** devoir tu **vas** devoir il/elle/on **va** devoir nous **allons** de- voir vous **allez** devoir	je **vais** prend**re** tu **vas** prend**re** il/elle/on **va** prend**re** nous **allons** prend**re** vous **allez** prend**re** ils/elles **vont** prend**re**
Futur simple:	je travailler**ai** tu travailler**as** il/elle/on travailler**a** nous travailler**ons** vous travailler**ez** ils/elles travailler**ont**	je finir**ai** tu finir**as** il/elle/on finir**a** nous finir**ons** vous finir**ez** ils/elles finir**ont**	je courr**ai** tu courr**as** il/elle/on courr**a** nous courr**ons** vous courr**ez** ils/elles courr**ont**	je devr**ai** tu devr**as** il/elle/on devr**a** nous devr**ons** vous devr**ez** ils devr**ont**	je prendr**ai** tu prendr**as** il/elle/on prendr**a** nous prendr**ons** vous prendr**ez** ils/elles prendr**ont**

Les groupes de verbes et les différents temps – die Verbgruppen und die verschiedenen Zeitformen

Wann verwendet man welche Zeitform?

Zeitform	Signalwörter	Verwendung	Bildung	Beispiele
Présent	• maintenant • tous les jours • parfois • toujours • souvent • d'habitude • rarement • jamais	- **allgemeine** Feststellungen - **regelmäßig wiederholte** oder gewohnheitsmäßige Handlungen - **Handlungsfolgen** - Verben mit statischer Bedeutung **(j'adore …, j'aime …, je pense …, je trouve …)** Zukunft: **Programm, Terminplan**	Konjugieren je nach Verbgruppe	• je dors • tu dessines • il court • elle va on partage • nous dansons • vous venez • elles chantent
Passé composé	• hier • en 2017 • la semaine dernière • il y a un mois • l'année dernière	- **Handlungen**, die in der **Vergangenheit begonnen** haben und **abgeschlossen** sind - einmalige Handlungen, die in nicht allzu ferner Vergangenheit liegen	*avoir* oder *être* im Präsens + Partizip **Achtung: mit *être* muss das Partizip dem Geschlecht angeglichen werden!**	• j'ai dormi • tu as dessiné • il a couru • **elle est** allé**e** • on a partagé • nous avons dansé • **vous êtes** venu**s** • elles ont chanté
Imparfait	• autrefois • il y a longtemps • dans le passé • a l'époque (de)	- Handlungen und Gewohnheiten, die sich in der **Vergangenheit** über einen **längeren Zeitraum** abgespielt oder wiederholt haben - Handlungen, die in fernerer Vergangenheit liegen	konjugieren entsprechend der Verbgruppe	• je dormais • tu dessinais • il courait • elle allait • on partageait • nous dansions • vous veniez • elles chantaient

TOUT CE QU'IL VOUS FAUT
Französisch auf Reisen – Bestell-Nr. 12 394
KOHL VERLAG

Les groupes de verbes et les différents temps – die Verbgruppen und die verschiedenen Zeitformen

Wann verwendet man welche Zeitform?

Zeitform	Signalwörter	Verwendung	Bildung	Beispiele
Plus-que-parfait	• avant que • depuis que	- Handlungen, die vor einem bestimmten Zeitpunkt der Vergangenheit angefangen haben, dann von einem Ereignis unterbrochen wurden oder auch darüber hinaus andauerten.	*avoir* oder *être* im Imparfait + Partizip	• j'avais dormi • tu avais dessiné • il avait couru • elle était allée • on avait partagé • nous avions dansé • vous étiez venus • elles avaient chanté
Futur proche	• tout à l'heure • dans cinq minutes • tout de suite	- Handlungen in **naher Zukunft** - **Absichten, Pläne**	*aller* im Präsens + Infinitif	• je vais dormir • tu vas dessiner • il va courir • elle va aller • on va partager • nous allons danser • vous allez venir • elles vont chanter
Futur simple	• la semaine **prochaine** • le mois **prochain** • un jour • plus tard • dans le futur	- Handlungen, die in etwas **fernerer Zukunft** liegen - Vorhersagen über zukünftige Handlungen oder Ereignisse	konjugieren entsprechend Verbgruppen	• je dormirai • tu dessineras • il courra • elle ira • on partagera • nous danserons • vous viendrez

KOHL VERLAG Lernen mit Erfolg
TOUT CE QU'IL VOUS FAUT
Französisch auf Reisen – Bestell-Nr. 12 394

13 Les verbes irréguliers – unregelmäßige Verben

Beim Konjugieren französischer Verben erlebt man immer wieder Überraschungen. Viele verhalten sich nicht so, wie man es aufgrund ihrer Einordnung in eine der drei Verbgruppen erwarten würde. Das gilt dann manchmal, aber nicht immer für alle Tempi: Es kann sehr gut sein, dass ein Verb in nur einer Zeit unregelmäßig ist, ein anderes in dreien, und wieder ein anderes in allen. Französische Kinder füllen ganze Kladden mit unregelmäßigen Verben – fast so, als hätte man es in dieser Sprache ausschließlich mit Sonderfällen zu tun.

Ganz so schlimm ist es zwar nicht, aber die Zahl der Ausnahmen ist so groß, dass wir uns fürs Erste auf einige der gebräuchlichsten unregelmäßigen Verben beschränken wollen:

Indicatif	Présent	Passé composé	Imparfait	Futur simple
aller (gehen)	je vais tu vas il/elle/on va n. allons v. allez i/e vont	je suis allé tu es allé il/elle/on est allé/e n. sommes allés v. êtes allés i./e. sont allés	j'allais tu allais il/elle/on allait n. allions v. alliez i/e allaient	j'irai tu iras il/elle/on ira n. irons v.irez i/e iront
s'asseoir* (sich setzen) *das „e" ist stumm	je m'assieds/ m'assois tu t'assieds/ t'asseois i/e/o s'assied/ s'asseoit n. nous asseyons v. vous asseyez i/e s'asseyent/ s'asseoient	je me suis assis tu t'es assis i/e/o s'est assis/e n. n. sommes assis v. v. êtes assis i/e se sont assis/es	je m'asseyais tu t'asseyais i/e/o s'asseyait n.n. asseyions v.v. asseyiez i/e s'asseyaient	je m'asseoirai tu t'asseoiras i/e /o s'asseoira n.n. asseoirons v.v. asseoirez i/e s'asseoiront
avoir (haben)	j'ai tu as i/e/on a n. avons v. avez i/e ont	j'ai eu tu as eu i/e/on a eu n. avons eu i/e ont eu	j'avais tu avais i/e/on avait n. avions v. aviez i/e avaient	j'aurai tu auras i/e/on aura n. aurons v. aurez i/e auront
boire (trinken)	je bois tu bois i/e/o boit n. buvons v. buvez i/e boivent	j'ai bu tu as bu i/e/o a bu n. avons bu v. avez bu i/e ont bu	je buvais tu buvais i/e/o buvait n. buvions v. buviez i/e buvaient	je boirai tu boiras i/e/o boira n. boirons v. boirez i/e boiront

13 Les verbes irréguliers – unregelmäßige Verben

Indicatif	Présent	Passé composé	Imparfait	Futur simple
courir (rennen)	je cours tu cours i/e/o court n. courons v. courez i/e courent	j'ai couru tu as couru i/e/o a couru n. avons couru v. avez couru i/e ont couru	je courais tu courais i/e/o courait n. courions vous couriez i/e couraient	je courrai tu courras i/e/o courra n. courrons v. courrez i/e courront
être (sein)	je suis tu es i/e/o est n. sommes v. êtes i/e sont	j'ai été tu as été i/e/o a été n. avons été v. avez été i/e ont été	j'étais tu étais i/e/o était n. étions v. étiez i/e étaient	je serai tu seras i/e/o sera n. serons v. serez i/e seront
faire (machen)	je fais tu fais i/e/o fait n. faisons v. faites i/e font	j'ai fait tu as fait i/e/o a fait n. avons fait v. avez fait i/e ont fait	je faisais tu faisais i/e/o faisait n. faisions v. faisiez i/e faisaient	je ferai tu feras i/e/o fera nous ferons vous ferez i/e feront
jeter (werfen)	je jette tu jettes i/e jette n. jetons v. jetez i/e jettent	j'ai jeté tu as jeté i/e a jeté n. avons jeté v. avez jeté i/e ont jeté	je jetais tu jetais i/e jetait n. jetions v. jetiez i/e jetaient	je jetterai tu jetteras i/e jettera n. jetterons v. jetterez i/e jetteront
lire (lesen)	je lis tu lis i/e/o lit n. lisons v. lisez i/e lisent	j'ai lu tu as lu i/e/o a lu n. avons lu v. avez lu i/e ont lu	je lisais tu lisais i/e/o lisait n. lisions v. lisiez i/e lisaient	je lirai tu liras i/e/o lira n. lirons v. lirez i/e liront
mettre (legen, stellen, anziehen, anbringen)	je mets tu mets i/e/o met n. mettons v. mettez i/e mettent	je mets tu mets i/e/o met n. mettons v. mettez i/e mettent	je mettais tu mettais i/e/o mettait n. mettions v. mettiez i/e mettaient	je mettrai tu mettras i/e mettra n. mettrons v. mettrez i/e mettront
mourir (sterben)	je meurs tu meurs i/e/o meurt n. mourons v. mourez i/e meurent	je suis mort tu es mort i/e/o est mort n. sommes morts v. êtes morts i/e sont morts	je mourais tu mourais i/e/o mourait n. mourions v. mouriez i/e mouraient	je mourrai tu mourras i/e mourra n. mourrons v. mourrez i/e mourront

TOUT CE QU'IL VOUS FAUT
Französisch auf Reisen – Bestell-Nr. 12 394
KOHL VERLAG

13 Les verbes irréguliers – unregelmäßige Verben

Indicatif	Présent	Passé composé	Imparfait	Futur simple
pouvoir (können)	je peux tu peux i/e/o peut n. pouvons v. pouvez i/e peuvent	j'ai pu tu as pu i/e/o a pu n. avons pu v. avez pu i/e ont pu	je pouvais tu pouvais i/e/o pouvait n. pouvions v. pouviez i/e pouvaient	je pourrai tu pourras i/e/o pourra n. pourrons v. pourrez i/e pourront
savoir (wissen)	je sais tu sais i/e/o sait n. savons v. savez i/e savent	j'ai su tu as su i/e/o a su n. avons su v. avez su i/e ont su	je savais tu savais i/e/o savait n. savions v. saviez i/e savaient	je saurai tu sauras i/e/o saura n. saurons v. saurez i/e sauront
tenir (halten)	je tiens tu tiens i/e/o tient n. tenons v. tenez i/e tiennent	j'ai tenu tu as tenu i/e a tenu n. avons tenu v. avez tenu i/e ont tenu	je tenais tu tenais i/e tenait n. tenions v. teniez i/e tenaient	je tiendrai tu tiendras i/e/o tiendra n. tiendrons v. tiendrez i/e tiendrond
venir (kommen)	je viens tu viens i/e/o vient n. venons v. venez i/e viennent	je suis venu tu es venu i/e/o est venu/e n. sommes venus v. êtes venus i/e sont venu(e)s	je venais tu venais i/e/o venait n. venions v. veniez i/e venaient	je viendrai tu viendras i/e/o viendra n. viendrons v. viendrez i/e viendront
vivre (leben)	je vis tu vis i/e/o vit n. vivons v. vivez i/e vivent	j'ai vécu tu as vécu i/e/o a vécu n. avons vécu v. avez vécu i/e ont vécu	je vivais tu vivais i/e/o vivait n. vivions v. viviez i/e vivaient	je vivrai tu vivras i/e vivra n. vivrons v. vivrez i/e vivront
voir (sehen)	je vois tu vois i/e voit n. voyons v. voyez i/e voient	j'ai vu tu as vu i/e/o a vu n. avons vu v. avez vu i/e ont vu	je voyais tu voyais i/e/o voyait n. voyions v. voyiez i/e voyaient	je verrai tu verras i/e/o verra n. verrons v. verrez i/e verront
vouloir (wollen)	je veux tu veux i/e/o veut n. voulons v. voulez i/e veulent	j'ai voulu tu as voulu i/e/o a voulu n. avons voulu v. avez voulu i/e ont voulu	je voulais tu voulais i/e/o voulait n. voulions v. vouliez i/e voulaient	je voudrai tu voudras i/e/o voudra n. voudrons v. voudrez i/e voudront

14 La négation – die Verneinung

Im Französischen brauchen wir immer (mindestens) zwei kleine Worte, um zu verneinen. Wir umklammern damit das Verb.
Das erste ist immer „ne“ (bzw. vor einem Vokal oder stummen h „n'“) und steht vor dem Verb. Dem Verb folgt dann, je nachdem, worum es geht, „pas“, „plus“, „jamais“, usw.

Übersicht

ne... pas	nicht
ne... plus	nicht mehr
ne... rien	nichts
ne... plus rien	nichts mehr
ne... personne	niemand
ne... jamais	nie
ne... pas encore	noch nicht
ne... plus jamais	nie mehr
ne... plus personne	niemand mehr
ne... toujours pas	immer noch nicht

Übung 1: *Setzte die richtige Verneinung ein:*

Maxime __ travaille ___ . (nicht)
Je __ ai __ faim. (nicht mehr)
Lucille __ aime ___ le hip hop (nicht)
Mes parents __ vont ______ au cinéma. (nie)
Je __ trouve _______ pour m'accompagner au piano. (niemand)
Le petit frère de Ludo __ sait ___ _________ marcher. (noch nicht)
Il __ y a ___ _______ dans le frigo. (nichts mehr)
Le bus __ est _______ _____ arivé.(immer noch nicht)

Übung 2: *a) Schreibe die Sätze in den angegebenen Formen in dein Heft/in deinen Ordner.*
b) Verneine sie.

	Thierry va au cinéma.	**Simone et Amélie (manger) des crevettes.**
Passé composé		
Imparfait		
Futur proche		
Futur simple		

15 Poser une question – eine Frage stellen

Im Französischen gibt es mehrere Möglichkeiten, einen Fragesatz zu formulieren.

Die einfachste besteht darin, ein **Fragezeichen ans Ende des Satzes** zu stellen. Beim Hören erkennt man sie daran, dass der Satz auf einem höheren Ton endet. Daher nennt man solche Fragen auch „Intonationsfragen“. Sie werden aber fast nur in der **Umgangssprache** gebraucht:

Lucas est là**?**
Le chien est sorti**?**
Tu habites à Paris**?**
Il y a du pain**?**
Tu veux aller à la plage**?**

Für die zweite und **meisten verwendete Variante** verwenden wir das Hilfselement **„est-ce que“** (wörtlich: „Ist es so, das...?“):

Est-ce que Lucas est là?
Est-ce que le chien est sorti?
Est-ce que tu habites à Paris?
Est-ce qu'il y a du pain?
Est-ce que tu veux aller à la plage?

Die dritte Variante, die mehr in der **Schriftsprache** als in der gesprochenen Sprache verwendet wird, ist die **Inversion**. Wenn das Subjekt eines Satzes ein Eigenname ist, muss dieser für die Bildung der Inversion (und somit der Frage) erst durch „il“ oder „elle“ ersetzt werden.

Wird unter Verwendung von „y avoir“ (= „Gibt es…?“) nach einer unbestimmten Menge gefragt (wie in unserem Beispiel mit dem Brot), muss außerdem ein „t'“ zu Hilfe genommen werden, um Verb und Objekt zu verbinden:

Lucas **est-il** là?
Le chien **est-il** sorti?
Habites-tu à Paris?
Y a-t'il du pain?
Veux-tu aller à la plage?

15 Poser une question – eine Frage stellen

Werden Fragewörter wie **„quand", „comment", „pourquoi"** verwendet, hat auch dies Auswirkungen auf die Satzstellung.

In der **umgangssprachlichen Variante** fügen wir entweder einen Nebensatz an. Dieser kann sowohl am Anfang als auch am Ende des Satzes stehen. Man kann das Fragewort auch einfach ans Ende des Satzes stellen:

Il est **où**, Lucas?
Le chien est sorti **quand**?
Tu habites à Paris **depuis combien de temps**?
Pourquoi il n'y a plus de pain?
Comment tu veux aller à la plage?

Auch in Verbindung mit Fragewörtern können wir **„est-ce que"** verwenden. Dieses Element folgt immer **direkt auf das Fragewort**. Auch hier müssen Eigennamen durch „il" oder „elle" ersetzt werden:

Où **est-ce qu'il** est, **Lucas**?
Quand **est-ce que le chien** est sorti?
Depuis combien de temps **est-ce que tu** habites à Paris?
Pourquoi **est-ce qu'il** n'y a plus de pain?
Comment **est-ce que tu** veux aller à la plage?

Und schließlich die **Inversion** mit Fragewörtern:

Lucas **où** est-il?
Quand le chien est-**il** sorti?
Depuis combien de temps habites-tu à Paris?
Pourquoi n'y a-**t'il** plus de pain?
Comment veux-tu aller à la plage?

15 Poser une question – eine Frage stellen

Übung 1: *Setze die passenden Wörter ein, um sinnvolle Fragen und Antworten zu bilden.:*

Beispiel: Est-ce que ta mère est là?

- Non, elle est au travail.

Il est **où**, le chat ?

- **Il** est **dans le jardin**.

a) ________________________ tu aimes le foot?

- ___________, je préfère le basket.

b) ____________ coûte ce manteau?

- __________________ 119 Euros.

c) ______________ est ton livre de Français?

- ______________________ dans mon cartable.

d) Les chaussures ______________ à Nicolas?

- Non, ________ sont à Adnan.

e) Il est en vacances _____________________ ?

- Depuis trois semaines.

f) C'est ____, ton anniversaire?

______ le 9 août.

g) _________ elle n'est pas là?

- _____________ elle est malade.

Übung 2: *Bilde Fragen in allen Zeitformen. Verwende jeweils ein Signalwort. Schreibe in dein Heft/Ordner.*

16 Genre et nombre – die Anpassung an Geschlecht und Anzahl

Im Französischen muss das **Partizip** immer **an** das **Geschlecht** und die **Anzahl** (Singular/*Einzahl* und Plural/*Mehrzahl*) der Person oder des Gegenstandes **angepasst werden**, von denen gerade die Rede ist.

Die Regel lautet: **Beim Wechsel von Männlich nach Weiblich wird ein „e“ angehängt. Beim Wechsel von Einzahl zu Mehrzahl wird ein „s“ angehängt** (das man aber nicht hört).

Manchmal muss man bei bestimmten Wortendungen vor das „e“ der weiblichen Form Verbindungskonsonanten einfügen.
Beispiel: Endet ein Wort in der männlichen Singularform auf „heur**eux**“, wird dies in der weiblichen Form zum (weichen) „s“: „heur**euse**“.

mig**non** – mign**onne** — **Le** bébé mignon. **Les** bébés mignon**s**.
heureux – heureuse — **Le** garçon heur**eux**. **La** fille heureu**se**.

Bei Wörtern, die auf „al,“ „au“ oder „eu“ enden, endet der Plural jedoch auf „x“ (ebenfalls stumm). Einige Worte enden bereits im Singular auf „x“, sodass sich für sie in der männlichen Pluralform nichts ändert:

chev**al** – chev**aux**
furi**eux** – furi**eux**

Dies gilt auch für **Adjektive**. Auch sie müssen an das **Geschlecht** und die **Anzahl** der Person oder des Gegenstandes angepasst werden, von denen gerade die Rede ist.

„Les éléphants sont grand**s**.“ (**un** éléphant)
„Les girafes sont grand**es**.“ (**une** girafe)

Übung 1: *Gleiche Geschlecht und Anzahl an.*

Il est grand. – Elle est _______.

une maison jaune – trois ________ ________

une fille fatiguée – un garçon _________

un policier nerveux – une policière __________

des vacances tranquilles – une journée ___________

un taureau furieux – dix _________ __________

17 Solutions – Lösungen

2 **Übung 1:**

a) Quel âge as-tu? J'ai trente-quatre ans.
b) Il coûte cent vingt-quatre euros.
c) Laurent a seize ans, Clara en a dix-neuf et Simon a vingt-deux ans.

Übung 2:

a) Mon anniversaire est le vingt-huit octobre.
b) Je suis la quatrième.
c) Nous habitons au troisième étage.

4 **Übung 4:** un pantalon bleu; une chemise blanche, trois pullovers verts, six jupes noires

6 **Übung 1:**

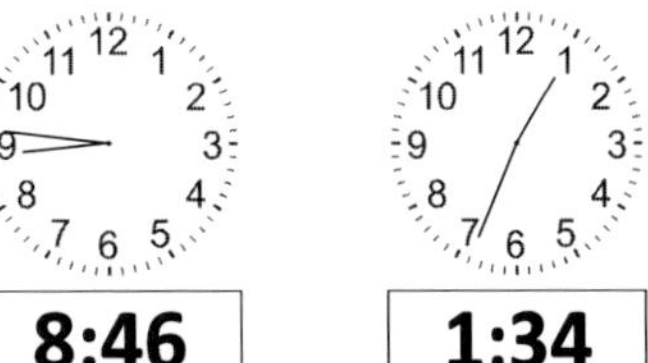

22:10	2:22	8:46	1:34
vingt-deux heures dix	deux heures vingt-deux	huit heures quarante-six	une heure trente-quatre

Übung 2:

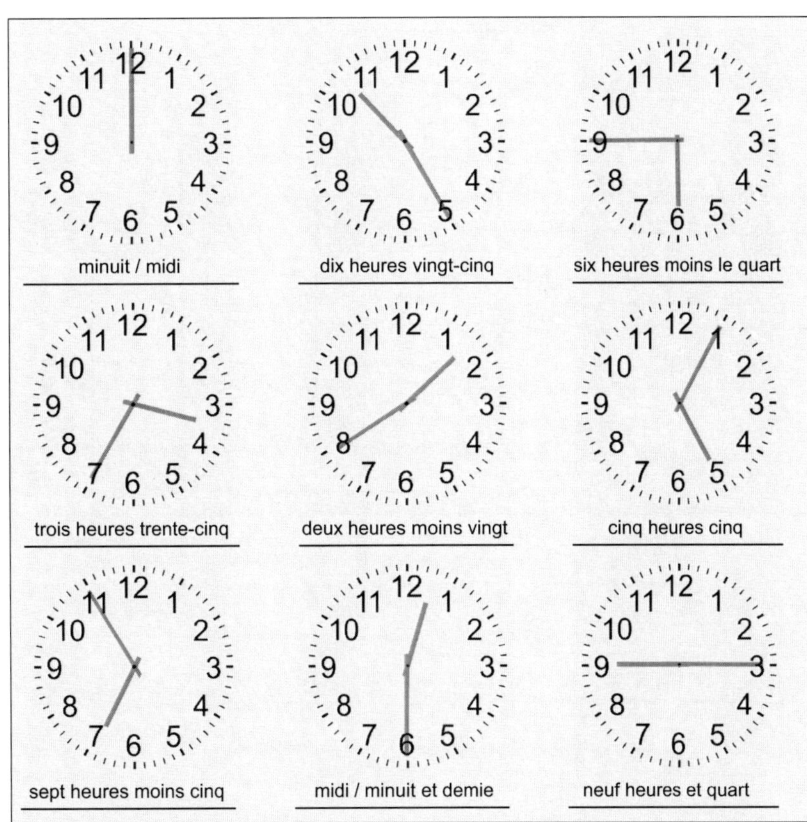

7 **Übung 1:**

Le vol no 1046 a été annulé.	Flug Nr. 1045 fällt aus/wurde abgesagt.
Dernier appel pour l'embarquement!	Letzter Aufruf für das Boarding!
Tous les passagers doivent passer par le contrôle de sécurité.	Alle Passagiere müssen sich zum Sicherheitscheck begeben.
Utilisez le couloir d'embarquement pour monter dans l'avion s'il vous plaît.	Nutzen Sie zum Einstieg bitte die Gangway.
Attention aux pick-pockets!	Vorsicht Taschendiebe!
Redressez votre siège.	Stellen Sie Ihren Sitz aufrecht.
Redressez les tablettes.	Klappen Sie die Tische hoch.
Les gilets de sauvetage se trouvent en-dessous du siège devant vous.	Schwimmwesten befinden sich unter dem Sitz vor Ihnen.
Retournez à votre place et attachez votre ceinture s'il vous plaît.	Bitte kehren Sie zu Ihrem Platz zurück und schnallen Sie sich an.
Redressez votre siège.	Klappen Sie die Tische hoch.
Retournez à votre place et attachez votre ceinture s'il vous plaît.	Schwimmwesten befinden sich unter dem Sitz vor Ihnen.

17 Solutions – Lösungen

8 **Übung 1:**

a) rhume/refroidissement/grippe
b) mal aux dents
c) c) mal au ventre
d) diarrhée

9 **Übung 1:**

a) vendeur
b) épicier
c) dentiste
e) ramoneur
f) chirurgienne
g) actrice
h) gardien de zoo

Übung 2:

a) Une journaliste écrit des articles pour des journaux et des magazines.
b) Un secrétaire travaille dans un bureau, répond au téléphone et aux lettres et e-mails.
c) Vous trouverez le concierge au comptoir à l'hôtel. Il a les clés de votre chambre.

Übung 3:

a) Un photographe fait des photos.
b) Une agente de poste distribue des lettres.
c) Un fleuriste fait des bouquets de fleur.

10

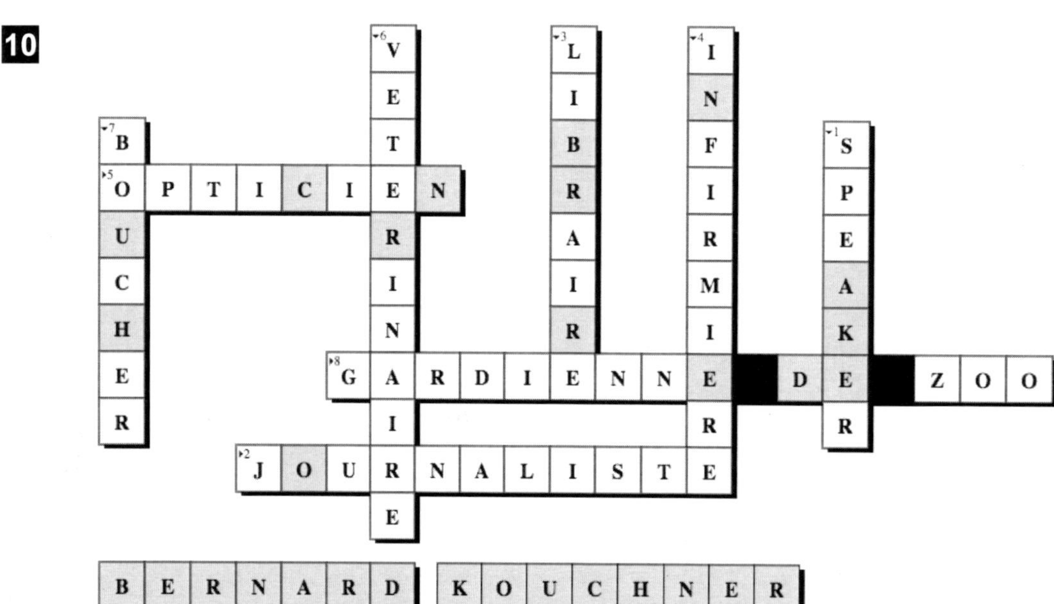

KOHL VERLAG
TOUT CE QU'IL VOUS FAUT
Französisch auf Reisen – Bestell-Nr. 12 394

17 Solutions – Lösungen

13 **Übung 1:**

Maxime ne travaille pas.
Je n'ai plus faim. (nicht mehr)
Lucille n'aime pas le hip hop (nicht)
Mes parents ne vont jamais au cinéma. (nie)
Je ne trouve personne pour m'accompagner au piano. (niemand)
Le petit frère de Ludo ne sait pas encore marcher. (noch nicht)
Il n'y a plus rien dans le frigo. (nichts mehr)
Le bus n'est toujours pas arrivé.

Übung 2:

	Thierry va au cinéma.	**Simone et Amélie (manger) des crevettes.**
Passé composé	a) Thierry est allé au cinéma. b) Thierry n'est pas allé au cinéma.	a) Simone et Amélie ont mangé des crevettes. b) Simone et Amélie n'ont pas mangé de crevettes.
Imparfait	a) Thierry allait au cinéma. b) Thierry n'allait pas au cinéma.	a) Simone et Amélie mangeaient des crevettes. b) Simone et Amélie ne mangeaient pas de crevettes.
Futur proche	a) Thierry va aller au cinéma. b) Thierry ne va pas aller au cinéma.	a) Simone et Amélie vont manger des crevettes. b) Simone et Amélie ne vont pas manger de crevettes.
Futur simple	a) Thierry ira au cinéma. b) Thierry n'ira pas au cinéma.	a) Simone et Amélie mangeront des crevettes. b) Simone et Amélie ne mangeront pas de crevettes.

14 **Übung 1:**

a) Est-ce que tu aimes le foot? - Non, je préfère le basket.
b) Combien coûte ce manteau? - Il coûte 119 Euros.
c) Où est ton livre de Français? - Il est dans mon cartable.
d) Les chaussures sont à Nicolas? - Non, elles sont à Adnan.
e) Il est en vacances depuis combien de temps ? Depuis trois semaines.
f) C'est quand, ton anniversaire? C'est le 9 août.
g) Pourquoi elle n'est pas là? – Parce qu'elle est malade.

15 **Übung 1:**

Il est grand. – Elle est grande.
une maison jaune – trois maisons jaunes
une fille fatiguée – un garçon fatigué
un policier nerveux – une policière nerveuse
des vacances tranquilles – une journée tranquille
un taureau furieux – dix taureaux furieux.

Klasse: 5 | 6 | 7 | 8 | 9 | 10 | 11-13

Fremdsprachen

Anne-Sophie Azizè Flittner

Französisch lernen mit Flashcards

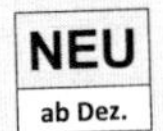

Wir lernen mit optischen Eindrücken schnell und dauerhaft. Bilder brennen sich in unser Gehirn und werden mit bestimmten Aussagen, Wortwechseln und Vokabeln verknüpft. Wer beim Sprachenlernen schnell Erfolge erzielen möchte, besucht üblicherweise das Land, um Eindrücke zu sammeln. Dies ist aber nicht immer möglich. Daher ist das Lernen mit Flashcards eine Bereicherung, auch vor einem Auslandsaufenthalt. So werden bildliche Situationen mit Sprache verknüpft und können leicht wieder abgerufen werden.

FÖ

88 Seiten

			PDF-Schullizenz
Buch	12 318	20,80 €	
PDF	P12 318	16,49 €	66,- €

2.-5. Lernjahr

Autorenteam Kohl-Verlag

NEU ab Feb.

Französisch ... tout ce dont vous avez besoin

Kompakt und übersichtlich werden Inhalte der französischen Sprache vermittelt. Das Must-have nicht nur zur Vorbereitung für die Reise in die zahlreichen französischsprachigen Länder. Nach Themen (z.B. sich vorstellen, Zahlen, am Flughafen, im Notfall) sortierte Inhalte sorgen für schnelle Hilfe vor Ort.

Wichtige Inhalte kompakt und übersichtlich!

FÖ

32 Seiten

			PDF-Schullizenz
Buch	12 394	14,80 €	
PDF	P12 394	11,99 €	48,- €

alle Stufen

Milena Angioni

Italienisches Lesetraining

Die Lesetexte schulen den Umgang mit der Fremdsprache und dienen der Bildung von Lesekompetenz. Jedes Arbeitsblatt ist zweigeteilt in Text und Textaussagen, aus denen es die richtigen Sätze heruaszufiltern gilt. Das ist sinnvolles, motivierendes und effektives Sprachtraining, um weitere Lernfelder dieser Sprache zu erschließen.

40 Seiten

			PDF-Schullizenz
Buch	19 037	14,80 €	
PDF	P19 037	11,99 €	48,- €

FÖ

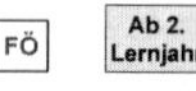

Spanisch

Bandi Koeck

Spanisch lernen mit Flashcards

Wir lernen mit optischen Eindrücken schnell und dauerhaft. Bilder brennen sich in unser Gehirn und werden mit bestimmten Aussagen, Wortwechseln und Vokabeln verknüpft. Wer beim Sprachenlernen schnell Erfolge erzielen möchte, besucht üblicherweise ein spanisch sprechendes Land, um Eindrücke zu sammeln. Dies ist aber nicht immer möglich. Daher ist das Lernen mit Flashcards eine Bereicherung, auch vor einem Auslandsaufenthalt. So werden bildliche Situationen mit Sprache verknüpft und können leicht wieder abgerufen werden.

88 Seiten

			PDF-Schullizenz
Buch	12 169	19,80 €	
PDF	P12 169	15,99 €	64,- €

2.-5. Lernjahr

Bandi Koeck

Spanisch ... todo lo que necesita

Kompakt und übersichtlich werden wichtige Inhalte der spanischen Sprache vermittelt. Optimal zur Vorbereitung für Reisen in spanischsprachige Länder! Inhalte wie sich Vorstellen, neue Leute kennen lernen, Zahlen lernen, das Wichtigste am Flughafen oder bei Notfällen konzentrieren sich auf das Allerwichtigste. Leicht verständliche Erklärungen helfen schnell weiter.

FÖ

32 Seiten

			PDF-Schullizenz
Buch	12 170	14,80 €	
PDF	P12 170	11,99 €	48,- €

Alle Stufen

Russisch

Zhanna Bikmaeva

Пойдем со мной Komm mit mir!

Lehrwerkunabhängige Materialien mit Bildkarten zum Lernen, einfachen Wort- und Satzübungen sowie kommunikativen Übungen in einfachen Zusammenhängen. Der russischen Grundwortschatz und erste grammatikalische Strukturen kennenlernen und festigen.

je 48 Seiten

1	На селе (Im Dorf)	Buch	12 254	15,80 €
		PDF	P12 254	12,49 €
2	Я и моя семья (Ich und meine Familie)	Buch	12 255	15,80 €
		PDF	P12 255	12,49 €
3	Спорт и хобби (Sport & Hobby)	Buch	12 291	15,80 €
		PDF	P12 291	12,49 €

PDF-Schullizenz (je Band) 50,- €

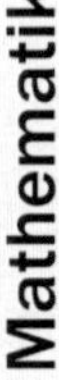

Mathematik

Dirk Meyer

Grundwissen MATHEMATIK ... kinderleicht erklärt

Zahlreiche Kopiervorlagen zum Grundwissen der jeweiligen Klassenstufe. Die elementaren Grundregeln werden detailliert erklärt. Abwechslungsreiche Übungen zu jedem Sachverhalt moltivieren zum weiterarbeiten. Die Arbeitsblätter sind so strukturiert, dass sich die Mathematik kinderleicht erklärt. Übersichtliche und ausführliche Lösungen im DIN-A5-Kartenformat runden das Ganze ab.

je 104 Seiten

Klasse							PDF-Schullizenz (je Band)
5	Buch	11 534	20,80 €	PDF	P11 534	16,49 €	
6	Buch	11 535	22,80 €	PDF	P11 535	18,49 €	
7	Buch	11 570	22,80 €	PDF	P11 570	18,49 €	
8	Buch	11 806	20,80 €	PDF	P11 806	16,49 €	66,- / 74,- €

FÖ

Friedhelm Heitmann

Allgemeinwissen fördern MATHE

Grundkenntnisse in kleinen Portionen

Wenn elementares mathematisches Wissen fehlt, schafft das neben der Prüfung auch im späteren Berufsleben Probleme. Diese Lücken werden mit verständlichen Infotexten und vielen Übungsaufgaben „gestopft". Ausgewählte Aufgaben werden ausführlich vorgerechnet, damit die einzelnen Schritte leicht nachzuvollziehen sind.

FÖ

5 | 6 | 7 | 8 | 9 | 10

100 Seiten

			PDF-Schullizenz
Buch	11 660	20,80 €	
PDF	P11 660	16,49 €	66,- €

Jürgen Tille-Koch

Starter-Kit Mathe – Grundbegriffe

Größen, Grundrechenarten, Zahlenbegriffe, Geometrie

NEU ab Okt.

Die wichtigsten Grundbegriffe zu den Größen, Grundrechenarten, Zahlen und zur Geometrie werden wiederholt, zusammengefasst und kurz und anschaulich dargestellt. Einfache Aufgabenstellungen festigen das Grundwissen und wenden es an. Die Kopiervorlagen sind einfach, leicht verständlich und motivierend!

Ein hilfreicher Ratgeber für Unterricht & Häusliches Üben

4 | 5 | 6 | 7 | 8 | 9 | 10

32 S.

			PDF-Schullizenz
Buch	12 373	14,80 €	
PDF	P12 373	11,99 €	48,- €

Friedhelm Heitmann & Tim Schrödel

Mathe – Das kannst du!

Zahlreiche Differenzierungsangebote, um den verschiedensten individuellen Voraussetzungen gerecht zu werden. Jeder Themenbereich enthä[lt] Arbeitsblätter in drei Niveaustufen. Zusätzlich wird jeder Themenbereich m[it] einem Quiz, einem Spiel oder ähnlichen Features abgerundet.

80 Seiten

			PDF-Schullizenz
Buch	11 269	17,80 €	
PDF	P11 269	14,49 €	58,- €

5 | 6

Kathrein Schadow & Hans-J. Schmidt

Mathe-Memo Spielerisch Stoffgebiete wiederholen

Memory spielen der anderen Art. So wird Lernen zum Vergnügen.

Inhalt: *Bruchrechnen, Geometrie, Römische Zahlen, Zehnersystem, Quadratzahlen, Koordinatensystem, Lineare & Quadratische Funktionen ...*

96 Seiten

			PDF-Schullizenz
Buch	12 004	19,80 €	
PDF	P12 004	15,99 €	64,- €

5 | 6 | 7 | 8 | 9 | 10